W0288823

Las recetas verdes de MasterChef

Las recetas verdes de MasterChef

SHINE IBERIA
A Banijay Company

ESPASA

rtve

El papel utilizado para la impresión de este libro está calificado como papel ecológico y procede de bosques gestionados de manera sostenible. No se permite la reproducción total o parcial de este libro, ni su incorporación a un sistema informático, ni su transmisión en cualquier forma o por cualquier medio, sea este electrónico, mecánico, por fotocopia, por grabación u otros métodos, sin el permiso previo y por escrito del editor. La infracción de los derechos mencionados puede ser constitutiva de delito contra la propiedad intelectual (arts. 270 y siguientes del Código Penal).

Diríjase a CEDRO (Centro Español de Derechos Reprográficos) si necesita fotocopiar o escanear algún fragmento de esta obra. Puede contactar con CEDRO a través de la web www.conlicencia.com o por teléfono en el 91 702 19 70 / 93 272 04 47.

© Diseño y maquetación de interior: María Pitironte

© Diseño de la cubierta: Planeta Arte & Diseño

© Fotografías de recetas: Juan Nazabal

© Realización y estilismo de recetas: Mariana Nazabal

Recursos gráficos: Shutterstock.com

© 2021 Shine Iberia. MasterChef y el logo de MasterChef son marcas registradas de Shine Limited utilizadas bajo licencia. Todos los derechos quedan registrados. MasterChef está basado en un formato de Franc Roddam. En asociación con Ziji Producciones. www.masterchef.com

© Corporación de Radio y Televisión Española 2021

SHINEIBERIA
A Banijay Company

rtve

© Editorial Planeta, S. A., 2021
Espasa es un sello editorial de Editorial Planeta, S. A.
Editorial Planeta, S. A.
Avda. Diagonal, 662-664 08034 Barcelona
www.planetadelibros.com

ISBN: 978-84-670-6217-5
Depósito legal: B. 4.346-2021

Índice

Frutos

Setas

Bulbos

Tubérculos

Tallos

Legumbres

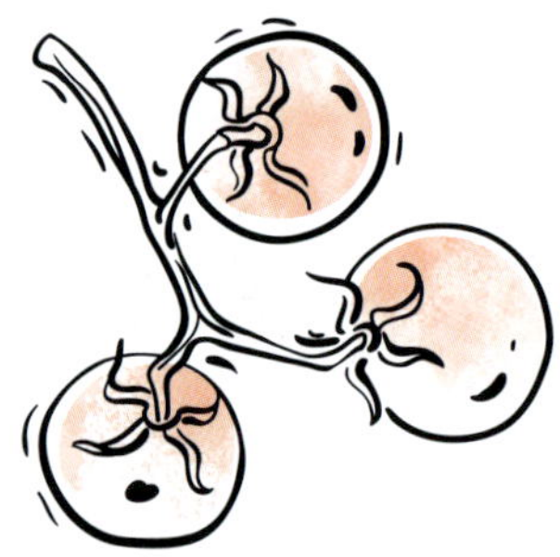

Frutos

Calabaza butternut rellena de arroz salvaje

4

Ingredientes

- 2 calabazas
- 100 g de col rizada
- 80 g de semillas de granada
- 50 g de piñones tostados
- 50 g de pipas de calabaza
- 1 taza de arroz salvaje
- 500 ml de caldo de verduras
- 1 cucharadita de ralladura de naranja
- 1 cucharada de zumo de naranja recién exprimido
- 2 chalotas
- 1 diente de ajo
- Hojas de albahaca fresca
- Semillas de sésamo
- Romero fresco
- AOVE
- Sal y pimienta

Elaboración

1. Cortar cada calabaza longitudinalmente (se puede calentar en el microondas durante 2 minutos para que sea más fácil de cortar). Colocar cada mitad en una bandeja con el lado cortado hacia arriba y rociar con un poco de aceite de oliva, unas ramas de romero, sal y pimienta. Asar en un horno precalentado a 200 °C durante 40 minutos o hasta que la pulpa esté tierna y ligeramente dorada.
2. Mientras, preparar el arroz. Lavarlo y escurrir el agua. Hervirlo con el caldo de verduras, primero a fuego fuerte y luego más bajo hasta que se haga. Retirar el caldo sobrante y reservar.
3. Calentar en una sartén una cucharada de aceite de oliva, picar las chalotas muy finas y el diente de ajo, e incorporar a la sartén. Cuando estén dorados, añadir la col rizada picada, semillas de sésamo y salpimentar. Remover durante 1 o 2 minutos o hasta que la col se ablande.
4. Poner en un bol las verduras, agregar el arroz salvaje cocido, los piñones, hojas de albahaca fresca picada, las semillas de granada, la ralladura y el zumo de naranja, las pipas de calabaza y una cucharada de aceite de oliva virgen extra. Mezclar bien para incorporar los sabores.

Para terminar

5. Limpiar las calabazas de las pipas y hebras y rellenarlas con la ensalada de arroz salvaje.

Tomates verdes fritos con salsa remoulade

2

Ingredientes

Para los tomates

2 tomates verdes grandes

¾ taza de pan rallado

½ taza de harina de maíz

½ taza de harina de trigo

½ taza de leche

2 huevos

1 cucharadita de pimentón

Aceite de oliva

1 cucharadita de sal y 1 cucharadita de pimienta negra

Para la salsa

200 g de mayonesa

40 g de pepinillos agridulces

20 g de alcaparras

2 cucharaditas de cebollino fresco picado

½ cucharadita de mostaza de Dijon

½ cucharadita de zumo de limón

Estragón

Sal y pimienta

Elaboración

Para los tomates

1. Lavar los tomates y cortarlos en rodajas iguales de 6 mm.
2. Poner en un bol la harina de trigo con la sal, la pimienta recién molida y el pimentón. Echar en otro recipiente los huevos batidos con la leche. Y en un tercer bol, el pan rallado y la harina de maíz.
3. Calentar aceite de oliva en una sartén y pasar los tomates primero por el bol de la harina, luego por el los huevos batidos y, finalmente, por el del pan rallado. Freír hasta que se doren y colocar en una fuente con papel absorbente para recoger el exceso de aceite.

Para la salsa

4. Mezclar en un tazón la mayonesa, la mostaza, sal, pimienta y el zumo de limón.
5. Picar los pepinillos y las alcaparras muy finos. Añadir a la mezcla anterior y remover bien.
6. Espolvorear por encima con el cebollino y estragón.

Para terminar

7. Servir los tomates en una fuente y colocar al lado un bol con la salsa de pepinillos para acompañar

Guacamole

6

Ingredientes

4 aguacates maduros medianos
½ taza de tomates cherry
½ taza de queso feta
¼ de taza de cilantro fresco
2 cucharadas de zumo de lima
2 dientes de ajo
1 chile verde
1 granada mediana
½ cebolla morada mediana
1 cucharadita de sal

Para acompañar

Nachos o tortillas de maíz

Elaboración

1. Partir los aguacates por la mitad, retirar el hueso y cortarlos en daditos.
2. Colocar la pulpa de los aguacates en un tazón, añadir el zumo de lima, los ajos picados y la sal. Aplastar los ingredientes con un tenedor grande hasta que el aguacate quede como un puré cremoso.
3. Lavar la cebolla y picarla muy pequeña. Picar también el cilantro, quitar las pepitas al chile y trocear. Agregar todo a los aguacates y mezclar bien.
4. Abrir la granada, sacar las semillas e incorporar la mitad al guacamole.

Para terminar

5. Poner el guacamole en el recipiente para servir. Espolvorear la granada restante, los cherry picados y el queso feta desmenuzado. Servir inmediatamente con nachos o tortillas de maíz calientes.

Raviolis con calabaza

4

Ingredientes

- 2 paquetes de raviolis
- 500 g de calabaza
- 150 g de mantequilla
- 1 cucharada de vinagre balsámico
- 1 cucharada de salvia fresca
- ¼ cucharadita de sal marina
- 144 g de nueces de California picadas
- 4 dientes de ajo picados
- 1 manojo de acelgas rojas
- Queso parmesano fresco
- Sal y pimienta molida

Elaboración

1. Derretir dos cucharadas de mantequilla en una sartén a fuego medio. Agregar la calabaza cortada en dados y cocinar durante 10 minutos.
2. Pasado ese tiempo, añadir las nueces y seguir cocinando unos minutos más o hasta que la calabaza esté dorada y suave, y las nueces tostadas.
3. Recortar solo la parte inferior de los tallos de las acelgas. Hacer en las hojas tres cortes longitudinales. Cortar los tallos y las hojas en tiras gruesas (como de 1 cm), añadir a la sartén con la calabaza y cocinar, sazonando al gusto con sal y pimienta. Reservar.
4. Agregar la mantequilla restante en otra sartén y calentar a fuego medio-alto hasta que comience a hacer espuma, removiendo bien hasta que comience a dorarse. En ese momento, agregar el vinagre y los ajos, mezclar e incorporar la salvia y la sal marina. Reservar.
5. Cocer los raviolis en una olla grande con agua y sal. Escurrir y reservar,
6. Añadir los raviolis a la sartén con la mantequilla dorada restante, y mezclar ligeramente.

Para terminar

7. Poner la pasta en un plato grande o platos individuales, cubrirla con la mezcla de calabaza y espolvorear queso parmesano rallado por encima.

Pimientos rellenos de queso feta y cuscús

4

Ingredientes

4 pimientos rojos grandes
200 g de tomates maduros cherry en rama
150 g de cuscús
100 g de queso feta
75 g de aceitunas machacadas
4 dientes de ajo
Zumo de ½ limón
Perejil
Cebolleta
Yogur griego natural (opcional)
Hojas de salvia
Aceite de oliva virgen
Sal y pimienta

Elaboración

1. Cortar los pimientos por la mitad, limpiarlos de las semillas y colocarlos en una bandeja. Añadir los ajos aplastados y sin pelar. Incorporar los tomates lavados, rociar con aceite y salpimentar. Asarlos en un horno precalentado a 200 °C durante 20 minutos o hasta que los pimientos estén blandos.
2. Mientras, poner el cuscús en un bol junto con las aceitunas, el zumo de limón, cebolleta picada, unas hojas de salvia también picadas y una cucharada de aceite de oliva virgen. Cubrir con agua hirviendo, tapar con un plato y dejar reposar unos minutos.
3. Recoger el jugo de los pimientos asados y la pulpa de los ajos y triturar. Añadir al cuscús y remover bien. Incorporar los tomates asados y volver a remover.
4. Rellenar los pimientos con la mezcla, desmenuzar el queso feta por encima y hornear de nuevo otros 30 minutos más.

Para terminar

5. Espolvorear con perejil picado y, si se desea, servir con una cucharada de yogur griego por encima.

Calabacines a la putanesca

4

Ingredientes

- 2 calabacines
- 1 kg de tomates cherry
- 50 g de aceitunas kalamata sin hueso
- 1 cucharada de alcaparras
- 1 cucharadita de azúcar
- 8 anchoas
- 2 dientes de ajo
- 1 cebolla roja
- Parmesano rallado
- Hojas de albahaca fresca
- Albahaca seca
- Salvia seca
- Orégano seco
- Aceite de oliva virgen extra
- Sal y pimienta

Elaboración

1. Lavar bien los calabacines y cortarlos en espirales con un cortador especial. Reservar.
2. Poner un chorro de aceite en una sartén y, cuando esté caliente, añadir los ajos laminados. Picar la cebolla e incorporarla. Cuando estén doradas, agregar los tomates lavados, la cucharadita de azúcar, una pizca de sal y las hierbas secas. Bajar el fuego y dejar que se hagan lentamente.
3. Añadir las anchoas partidas, las alcaparras y las aceitunas. Cocinar unos minutos más y agregar el calabacín.

Para terminar

4. Servir los calabacines con pimienta, parmesano rallado y unas hojas de albahaca fresca.

Gado-gado con tofu y salsa de cacahuete

4

Ingredientes

400 g de patatas
200 g de tofu
4 huevos
2 tomates maduros
½ col china
½ pepino
½ manojo de cilantro fresco
2 chiles rojos frescos (opcional)
Rábanos
Brotes de soja
Galletas de gambas
Aceite de sésamo
Sal

Para la salsa
450 g de cacahuetes tostados
120 g de mantequilla de cacahuete
50 g de azúcar
60 ml de leche de coco
1 cucharada de salsa de soja
1 diente de ajo sin germen
Zumo de 2 limas
Sal

Elaboración

1. Pelar las patatas, partirlas en rodajas y cocinarlas en agua hirviendo con sal durante 15 minutos o hasta que estén tiernas.
2. Cocer los huevos. Pelar, cortar por la mitad y reservar.
3. Partir el tofu en trozos de 2½ cm y freírlos en un chorrito de aceite de sésamo durante unos 15 minutos o hasta que estén dorados. Espolvorear ligeramente con sal y reservar.
4. Triturar finamente la col china, cortar los tomates en gajos, un puñado de rábanos en cuartos y el pepino en rodajas. Sazonar todo y reservar.

Para la salsa

5. Batir los cacahuetes tostados en una batidora hasta que quede consistencia de mantequilla.
6. Mezclar la mantequilla con el resto de los ingredientes en un vaso de batidora y batir hasta obtener la salsa. Rectificar de sal si fuera necesario. Reservar.

Para terminar

7. Colocar los ingredientes alrededor de un cuenco. Decorar con hojas de cilantro, las galletas de gambas, un par de puñados de brotes de soja y un poco de chile fresco finamente cortado (opcional). Acompañar con la salsa.

Carpaccio de tomate con salazones

2

Ingredientes

2 tomates de buena calidad
50 g de mojama
50 g de huevas de maruca
50 g de sardinas ahumadas
½ diente de ajo
Frutos secos (almendras, pistachos. etc.)
Orejones
Cebolla encurtida
AOVE

Elaboración

1. Cortar los tomates lo más fino posible (mejor con un cortafiambres).
2. Picar los frutos secos, los orejones, la cebolla y el ajo. Poner en un bol y mezclar con aceite de oliva.

Para terminar

3. Colocar primero los tomates de forma extendida, después los ahumados cortados y esparcir el aderezo de aceite por encima.

Ensalada de calabacín y trufa

4

Ingredientes

- 1 calabacín
- 1 cucharada de miel
- 1 cucharada de zumo de lima
- Parmesano
- Trufa negra
- Piñones tostados
- Semillas de sésamo
- AOVE
- Sal Maldon
- Sal y pimienta negra

Elaboración

1. Lavar el calabacín. Quitar los extremos, cortarlo por la mitad y pasar por una mandolina. Colocar en una fuente con sal durante 5 minutos y, una vez transcurrido el tiempo, enrolladas en una fuente.
2. Mezclar el zumo de lima, la miel, sal, pimienta, semillas de sésamo y aceite, y emulsionar el aliño. Rociar el calabacín con él.

Para terminar

3. Añadir unas lascas de parmesano y otras de trufa por encima, y decorar con piñones y unas escamas de sal Maldon.

Paté de aceitunas

6

Ingredientes

150 g de aceitunas negras sin hueso
10 alcaparras
1 anchoa
½ diente de ajo
Albahaca
Pan
AOVE

Elaboración

1. Partir el diente de ajo por la mitad y quitar el germen de su interior.
2. Picar unas hojas de albahaca fresca con un cuchillo.
3. Añadir en un mortero el ajo, la albahaca, las alcaparras, el filete de anchoa y las aceitunas negras sin hueso. Rociar con dos cucharadas de aceite de oliva y machacar con el mazo del mortero, vertiendo poco a poco en chorro fino de aceite hasta que emulsione. Debe seguir teniendo una textura gruesa.

Para terminar

4. Reservar el paté en frío y servir acompañado de pan.

Tatín de tomates

4

Ingredientes

400 g de tomates cherry
170 g de hojaldre
125 g mozarella fresca
3 cucharaditas de miel
1 cebolla
1 cucharada de mantequilla
1 cucharada de vinagre de vino
1 puñado de aceitunas verdes
Albahaca
Tomillo fresco
AOVE
Sal y pimienta

Elaboración

1. Precalentar el horno a 200 °C.
2. Cortar la cebolla en láminas y ponerla en una sartén con la mantequilla unos minutos hasta que se caramelice. Reservar.
3. Calentar a fuego lento la miel en otra sartén, añadir el vinagre y mezclar con una espátula. Añadir los tomates, las aceitunas, espolvorear con el tomillo y salpimentar. Dejar que se cocine unos minutos. Verter la mezcla de los tomates en la sartén de la cebolla caramelizada; colocar en el medio dejando espacio alrededor para el hojaldre. Poner la cebolla encima.
4. En una superficie limpia y enharinada, desenrollar el hojaldre y cortar de forma circular de un tamaño un poco mayor que la sartén. Taparla con el hojaldre y meter lo que sobre por debajo de las verduras.
5. Colocar la sartén en el horno y hornear durante 30 minutos vigilando que no se queme el hojaldre. Sacar del horno y dejar que se temple. Pasar la tarta a una fuente volcandola como si fueramos a dar la vuelta a una tortilla. .

Para terminar

6. Esparcir los trozos de mozarella desmigada, las hojas de albahaca y el aceite de oliva. Servir templado.

Poke bowl de aguacate con salmón

4

Ingredientes

260 ml de agua
200 g de salmón crudo en dados
150 g de arroz jazmín
100 g de algas wakame
2 rábanos
2 aguacates
1 cucharada de pistachos troceados

Para la salsa
1 cucharada de salsa soja
1 cucharadita de jengibre
Zumo de 1 lima
Semillas de sésamo
AOVE
Aceite de sésamo
Sal

Elaboración

1. Cocer el arroz con agua con la cazuela tapada. Cuando esté cocido, apagar el fuego y dejar reposar durante 30 minutos.
2. Mezclar en un bol los ingredientes de la salsa e introducir el salmón durante 15 minutos. Reservar la salsa que sobre.
3. Pelar los rábanos y cortarlos con una mandolina.
4. Partir los aguacates por la mitad, quitar el hueso y sacar la carne con una cuchara. Laminarlos.

Para terminar

5. Para montar los boles, poner arroz en un lado del bol. A continuación el salmón, las algas y el aguacate alrededor. Poner por encima las láminas de rábano y los pistachos. Finalmente, echar la salsa sobrante del marinado del salmón por encima..

Quiche de calabaza y beicon

6

Ingredientes

- 500 g de carne de calabaza
- Un rollo de masa quebrada (230 g)
- 100 g de beicon
- 250 ml de nata al 35 %
- 2 huevos (separados claras y yemas)
- 1 cebolla
- 1 ramillete de romero
- AOVE
- Nuez moscada
- Sal y pimienta

Elaboración

1. Precalentar el horno a 200 °C.
2. Forrar con papel para horno una bandeja y colocar la calabaza pelada y cortada en dados. Verter un chorro de aceite de oliva por encima, espolvorear con el romero fresco y salpimentar. Dejar que se dore durante 30 minutos aproximadamente.
3. Mientras tanto, cortar el beicon en tiras, calentar dos cucharadas de aceite de oliva en una sartén, y dorarlo en ella. Pelar la cebolla, partir la mitad y picar muy finamente. Añadir a la sartén con el beicon y salpimentar. Cocinar lentamente hasta que quede blandita y dorada. Dejar que se temple en un bol desechando el exceso de grasa.
4. Poner la carne de la calabaza en una batidora, batir hasta conseguir un puré y reservar en un recipiente hasta que se atempere. Añadir las yemas de huevo, la nata y la nuez moscada y mezclar bien. Añadir la cebolla y el beicon.
5. Montar las claras a punto de nieve, y añadirlas al puré de calabaza con movimientos envolventes.
6. Sobre una superficie limpia y enharinada, desenrollar la masa y estirarla con un rodillo. Colocarla en un molde para tartas de 25 cm retirando el exceso de los bordes. Pinchar el fondo varias veces con un tenedor.

Para terminar

7. Verter la mezcla de la calabaza y hornear durante aproximadamente 30 minutos o cuando la superficie esté dorada. Dejar reposar 10 minutos antes de servir.

Musaka

4

Ingredientes

250 g de lentejas puy
150 g de salsa de tomate
150 g queso rallado para gratinar
100 g de setas de cardo
100 ml de vino tinto
4 berenjenas
1 cebolla roja
1 hoja de laurel
Aceite de oliva
Tomillo
Pimienta negra
Sal

Para la bechamel
300 g de yogur griego
150 g de queso de cabra
2 yemas de huevo
Orégano
Aceite de oliva virgen

Elaboración

1. Precalentar el horno a 190 °C.
2. Lavar las berenjenas y cortarlas longitudinalmente. Colocar en una bandeja de horno, rociarlas con aceite de oliva y añadir un poco de sal. Asar durante 15 minutos por cada lado.
3. Pelar y picar finamente la cebolla y pochar en una sartén con aceite. Lavar y picar las setas y añadir a la sartén. Añadir el vino tinto y dejar reducir.
4. Cocer las lentejas en agua con sal y la hoja de laurel y cuando estén cocidas, escurrir bien, quitar el laurel y añadir a la sartén de las setas y la cebolla. Rehogar todo, añadir la salsa de tomate, el tomillo y salpimentar.

Para la bechamel

5. Hacer la salsa bechamel mezclando en un bol el yogur con las yemas, una cucharada de aceite de oliva, el orégano y el queso.
6. En una fuente de horno profunda, disponer una primera capa de berenjenas. Poner encima una capa de lentejas y una de bechamel. A continuación repetir las capas: berenjenas, lentejas y terminar con otra de bechamel por encima.
7. Espolvorear con el queso para gratinar y hornear 40 minutos aproximadamente o hasta que se dore la superficie.

Para terminar

8. Servir caliente.

Burrata con tomates cherry y uvas

6

Ingredientes

400 g de burrata fresca
24 tomates cherry
2 cucharadas de vinagre de Jerez
1 racimo de uvas rojas sin semillas
1 diente de ajo
1 cucharada de azúcar moreno
Hojas de albahaca fresca
Pan rústico en rebanadas
Pimienta negra molida
AOVE
Sal Maldom

Elaboración

1. Poner en un bol el vinagre, el diente de ajo machacado, la sal, la pimienta y el azúcar y disolver bien.
2. Añadir las uvas y los tomates cherry y dejar marinar durante 30 minutos. Sacarlos e insertarlos en unas brochetas y reservar la marinada.
3. Poner una sartén al fuego con un chorro de aceite de oliva y asar las uvas y los tomates durante unos minutos a fuego medio.
4. Tostar las rebanadas de pan.

Para terminar

5. Poner la burrata a temperatura ambiente en una fuente, colocar las brochetas y las uvas alrededor. Abrir la burrata a la mitad y aliñar por encima con aceite de oliva virgen y la marinada y unas hojas de albahaca. Acompañar con pan tostado.

Sopa de pepino

4

Ingredientes

- 400 g de yogur estilo griego sin azúcar
- 4 pepinos pequeños
- 2 manzanas golden
- 1 diente de ajo sin germen
- 1 cucharada de vinagre de manzana
- 1 cucharadita de jengibre en polvo
- Zumo de media lima
- Hojas de menta
- Flores comestibles para decorar
- Aceite de oliva virgen
- Sal y pimienta negra

Elaboración

1. Pelar los pepinos y las manzanas y trocear. Poner en un robot de cocina y añadir el ajo, el yogur, el zumo de lima, un chorro generoso de aceite de oliva, el vinagre, el jengibre y salpimentar.
2. Triturar hasta que quede una sopa emulsionada.

Para terminar

3. Servir en boles con menta y flores por encima.

Berenjenas glasedas

6

Ingredientes

4 berenjenas gordas y de tamaño mediano
80 g de miso blanco
2 cucharadas de azúcar moreno
2 rábanos
1 cucharada de Jerez seco
1 cucharada de aceite de sésamo
1 cucharadita de jengibre rallado
1 cucharadita de salsa de soja
1 cucharadita de Pedro Ximenez
Semillas de sésamo
Cebollino
Sal en escamas

Elaboración

1. Precalentar el horno a 200 °C.
2. Lavar las berenjenas, secarlas y cortarlas a lo largo. Marcar la carne con un cuchillo haciendo un dibujo de diamante. Colocarlas en una bandeja para horno con la carne hacia arriba y poner sal por encima. Reservar durante 25 minutos.
3. Con papel de cocina, limpiar la sal y secar el agua que hayan soltado las berenjenas.
4. En un cazo poner el jengibre, la pasta miso, el aceite de sésamo, la salsa de soja, el azúcar, el vino de Jerez y el Pedro Ximenez. Llevar a ebullición sin dejar de remover y quitar del fuego.
5. Pintar con una brocha las berenjenas y hornear durante 30 minutos.
6. Laminar los rábanos.

Para terminar

7. Sacar del horno y pintar con un poco de salsa miso, poner las semillas de sésamo, los rábanos y el cebollino por encima.

Setas

Ramen con setas shiitake

2

Ingredientes

Para el caldo de verduras

2 zanahorias

1 puerro

1 nabo

1 apio

1 cebolleta

1 trocito de jengibre

Para el ramen

8 piezas de setas shiitake

1 l de caldo de verduras

200 g de fideos ramen

50 g de col rizada

2 huevos

2 cucharadas de pasta miso rojo

2 cucharadas de salsa soja

1 cucharada de semillas de sésamo tostadas

Elaboración

Para el caldo

1. Pelar y lavar todas las verduras y poner a cocer en una olla junto con el jengibre.
2. Cuando estén cocidas colar y reservar.

Para el ramen

3. Mientras lavar las setas y ponerlas a remojo. Lavar y cortar la col en juliana.
4. En el caldo ya limpio, añadir la salsa de soja, las setas cortadas y la col. Hervir durante 10 minutos. Una vez fuera del fuego, incorporar la pasta miso y remover hasta que se disuelva.
5. Mientras tanto, cocer los huevos durante 5 minutos para que la clara quede cuajada y la yema un poco líquida. Pelar y reservar.
6. Cocer los fideos en agua hasta que estén tiernos.

Para terminar

7. Servir en un bol el caldo con las setas y la col, añadir los fideos, un huevo partido a la mitad y unas semillas de sésamo por encima.

Carpaccio de champiñones y caviar de aceite

2

Ingredientes

Para la ensalada
2 champiñones grandes
2 puñados de espinacas baby
2 cucharadas de caviar de aceite de oliva

Para la salsa
1 lima
1 cucharadita de zumo de lima
Pimienta de Sichuan
Albahaca fresca
AOVE
Sal y pimienta

Elaboración

Para la salsa

1. Lavar y secar la lima. Rallar la piel sobre un bol, picar la albahaca y añadirla al bol. Incorporar el zumo de lima, un chorro de AOVE, salpimetar y emulsionar con un tenedor. Reservar.

Para la ensalada

2. Lavar y secar los champiñones. Quitarle el pie y laminar muy finamente con un cuchillo o con una mandolina.
3. Colocarlos haciendo una cama sobre la que colocar las espinacas baby y unas perlas de caviar de aceite de oliva.

Para terminar

4. Aliñar con el aderezo por encima.

Portobello con jamón y pistachos

Guarnición

6

Ingredientes

- 10 piezas grandes de champiñón Portobello
- 100 g de pistachos
- 80 g de jamón ibérico en lonchas
- 3 chalotas
- 3 dientes de ajo
- 2 ramas de romero fresco
- 1 rama de estragón fresco
- Zumo de 1 limón
- Perejil fresco
- AOVE
- Sal y pimienta

Elaboración

1. Precalentar el horno a 220 °C y preparar una bandeja con papel sulfurizado por encima.
2. Lavar los champiñones, quitarles el pie y trocear en cuatro partes cada uno. Colocar en la bandeja.
3. Pelar las chalotas y cortarlas en cuatro trozos cada una. Poner en la bandeja de horno.
4. Machacar en un mortero los ajos pelados sin el germen con una pizca de sal, el romero y el estragón. Añadir un chorro de aceite de oliva y una cucharada de zumo de limón y mezclar bien. Verter por encima de las verduras y hornear durante 25 minutos. Reservar.
5. Poner el jamón en lonchas en otra bandeja para horno con papel sulfurizado y hornear durante 10 minutos o hasta que se quede seco pero sin que se queme.
6. Sacar el jamón y triturar las lonchas junto con los pistachos.
7. Picar el perejil.

Para terminar

8. Sacar las verduras del horno, espolvorear el polvo de jamón y pistacho por encima y finalmente adornar con el perejil.

Risotto de boletus y salvia

4

Ingredientes

Para el caldo
1 l y ½ de agua
4 zanahorias
2 puerros
1 apio
1 cebolla
1 nabo
1 hoja de laurel
1 cucharada de sal
1 cucharada de aceite de oliva

Para el risotto
1 l de caldo de verduras
400 g de arroz carnarolli
400 g de boletus edulis
200 g de nata
200 ml de vino blanco seco
200 g de queso Parmigiano Reggiano rallado
Queso Parmigiano Reggiano en lascas
200 g de mantequilla sin sal
1 cebolla
1 cucharada de salvia en polvo
Hojas de salvia fresca
Sal y pimienta

Elaboración

Para el caldo

1. Poner todos los ingredientes para el caldo en una olla y cocer hasta que las verduras estén blandas. Colar y reservar el caldo caliente.

Para el risotto

2. Pelar y triturar la cebolla. Poner una cazuela al fuego con la mantequilla y pochar la cebolla.

3. Limpiar con un trapo húmedo los boletus para quitarles la tierra y trocear. Añadir a la cebolla, incorporar la salvia seca y salpimentar. Rehogar durante unos minutos más.

4. Añadir el arroz y blanquear con los boletus. Añadir el vino y dejar que cueza todo junto durante unos minutos y sin dejar de remover.

5. Verter el caldo poco a poco esperando que se evapore lo de la cazuela para volver a añadir más caldo, hasta terminarlo, y sin dejar de remover.

6. Añadir el queso Parmigiano, la salvia fresca picada, la nata y rectificar de sal. Remover hasta que se evapore la nata y el arroz esté meloso.

7. Servir en cazuelas con unas lascas de queso Parmigiano por encima.

Crema de champiñones

4

Ingredientes

- 500 ml de caldo de verduras
- 200 g de champiñones
- 50 g de mantequilla
- 50 g de nata para cocinar
- 2 patatas medianas
- 1 diente de ajo
- 1 cebolla pequeña
- Ramas de cebollino
- Pan del día anterior
- Sal y pimienta
- AOVE

Elaboración

1. Pelar y picar la cebolla, el diente de ajo y rehogar con la mantequilla.
2. Lavar, pelar y picar los champiñones y las patatas, y añadir a la cebolla. Rehogar unos minutos. Salpimentar.
3. Añadir el caldo de verduras y cocer hasta que los champiñones estén tiernos. Añadir la nata, remover unos minutos y apagar el fuego.
4. Triturar con un chorro de aceite de oliva hasta obtener una crema.
5. Picar el pan en dados y dorar en una sartén con un poco de aceite de oliva.

Para terminar

6. Picar el cebollino y servir la crema con los crutons y el cebollino.

Bulbos

Chalotas caramelizadas al cava

4

Ingredientes

- 600 g de chalotas
- 300 ml de cava
- 50 g de azúcar moreno
- Mantequilla
- Romero fresco
- AOVE
- Sal y pimienta

Elaboración

1. Pelar las chalotas y cortar las bases.
2. Poner al fuego una cazuela (en la que nos quepan todas las chalotas sin que queden amontonadas) con la mantequilla y el azúcar hasta que se derritan.
3. Añadir las chalotas y sellarlas durante unos minutos hasta que se doren.
4. Verter el cava, el romero y salpimentar.
5. Cuando rompa a hervir, tapar y cocinar a fuego lento durante 30 minutos moviendo la cazuela de vez en cuando para que no se peguen.
6. Subir el fuego durante los 5 últimos minutos, apagarlo y dejar reposar.

Para terminar

7. Servir templado.

Quiche de cebollas y queso

6

Ingredientes

Un rollo de masa brisa
200 g de queso Gamonéu (o similar)
200 ml de nata
4 huevos
2 cebollas
1 cucharadita de nuez moscada
Harina
Sal y pimienta
Aceite de oliva

Elaboración

1. Precalentar el horno a 180 °C.
2. Estirar la masa brisa con un rodillo sobre una superficie enharinada.
3. Forrar un molde de quiche con ella y pinchar el fondo con un tenedor.
4. Colocar, a modo de peso, un puñado de garbanzos envueltos en papel de aluminio en el centro y hornear durante 10 minutos.
5. Pelar las cebollas y cortarlas muy finas.
6. Calentar en una sartén aceite de oliva y pocharla a fuego suave hasta que quede transparente.
7. Batir los huevos, añadir la nata y la nuez moscada y salpimentar.
8. Quitar los garbanzos del molde y poner la cebolla pochada. Trocear el queso y repartirlo por encima.
9. Rellenar el molde con la mezcla de nata y huevos y cocer en el horno durante 40 minutos o hasta que se cuaje.

Para terminar

10. Servir templado.

Tortilla de ajetes y gambas

1

Ingredientes

- 50 g de gambas
- 2 huevos
- 2 tomates cherry
- ½ diente de ajo
- Ajetes frescos
- Brotes frescos
- Aceite de oliva
- Sal

Elaboración

1. Pelar las gambas y trocearlas. Reservar.
2. Lavar y picar los tomates. Picar la parte más tierna de los ajetes en brunoise y reservar.
3. Picar el diente de ajo en cuadraditos.
4. Poner una sartén al fuego con aceite de oliva y saltear el diente de ajo y los ajetes hasta que se doren.
5. Añadir los tomates y rehogar un par de minutos más a fuego fuerte.
6. Añadir las gambas y cuajar los huevos.

Para terminar

7. Servir y adornar con brotes tiernos.

Puerros confitados con miel y almendras

4

Ingredientes

8 puerros gordos
1 cucharada de vinagre de Módena
1 cucharada de miel
Tomillo fresco
Almendras crudas en láminas
Aceite de oliva
Sal

Elaboración

1. Limpiar bien los puerros con agua fría quitando la primera capa.
2. Cortar la parte más blanca en trozos de unos 8 cm aproximadamente.
3. Colocar en una olla y cubrirlos con aceite de oliva. Añadir un poco de tomillo y sal y confitar durante un par de horas a fuego lento o hasta que estén tiernos.
4. Dorar las almendras en una sartén con un poco de aceite de oliva y sal. Reservar.
5. Una vez confitados los puerros, escurrir y dejar que se templen.
6. Calentar la miel y derretirla con el vinagre.

Para terminar

7. Rociar los puerros con la miel en una sartén. Acompañar con unas láminas de almendras tostadas.

Sopa castellana

4

Ingredientes

Para el caldo de verduras
2 l de agua
2 zanahorias
2 nabos
2 ramas de apio
1 patata grande
1 puerro
Sal

Para la sopa
1 l de caldo de verdura
4 rebanadas de pan duro
50 g de jamón en tacos pequeños
2 cucharaditas de pimentón
4 dientes de ajo
4 huevos
Aceite de oliva virgen

Elaboración

Para el caldo

1. Poner todos los ingredientes previamente lavados y pelados en una olla y cocer durante 1 hora.
2. Colar y filtrar el caldo.

Para la sopa

3. Partir los ajos en láminas y sofreírlos en una sartén con abundante aceite de oliva. Cuando estén dorados, añadir el jamón y rehogar unos minutos.
4. Laminar el pan y dorar en la misma sartén.
5. Agregar las cucharaditas de pimentón y rehogar un par de minutos.
6. Calentar el caldo de verduras y añadir los ajos, el pan y el jamón. Rectificar de sal y hervir durante 20 minutos a fuego lento.

Para terminar

7. Justo antes de servir, escalfar los 4 huevos en la sopa.

Vainas

Paella de habas

6

Ingredientes

- 2 l de caldo de verduras
- 700 g de arroz bomba
- 400 g de habas frescas
- 4 alcachofas
- 4 avellanas en polvo
- 2 dientes de ajo
- 2 tomates maduros
- Cebolla
- 1 limón
- 1 rama de romero
- Perejil picado
- Azafrán
- Aceite de oliva
- Sal

Elaboración

1. Pelar las alcachofas quitando las hojas más duras y el tallo. Partirlas en 4 trozos y añadir el limón exprimido.
2. En un paella con aceite sofreír la cebolla muy picada. Añadir los tomates pelados y picados. Añadir las alcachofas y finalmente las habas.
3. Incorporar el arroz y sofreír 5 minutos sin dejar de remover.
4. Majar los dientes de ajo con sal y el perejil y añadir el azafrán, el polvo de avellanas, el romero y un cacito de caldo caliente hasta que se disuelvan las hebras de azafrán. Añadir a la paella.
5. Ir añadiendo el caldo (dos dedos por encima del arroz) y hervir a fuego fuerte.

Para terminar

6. Cuando se seque el caldo, apagar el fuego y reservar tapado durante 10 minutos.

Menestra con huevo y trufa

4

Ingredientes

- 500 g de verduras variadas de temporada (judías verdes, guisantes, habas)
- 1 patata
- 1 cebolla
- 1 diente de ajo
- 4 huevos
- 1 vaso de vino de Jerez
- Trufa negra
- AOVE
- Sal y pimienta

Elaboración

1. Pelar, lavar y picar las verduras.
2. Cocer las verduras y la patata en una olla con agua hirviendo y sal hasta que estén al dente. Escurrir y reservar.
3. Pelar y picar la cebolla y el ajo. Rehogar en una sartén con aceite, salpimentar y añadir el vino. Incorporar las verduras, mezclar y cocer un par de minutos más.
4. Agregar los huevos, salpimentar, tapar y dejar que cuezan hasta que cuajen.

Para terminar

5. Servirlos con unas láminas de trufa por encima y un chorrito de AOVE

Arroz con edamame, champiñón y brócoli

4

Ingredientes

400 g de arroz basmati
Semillas de sésamo
Aceite de sésamo
Sal

Para el edamame

300 g de edamame
1 diente de ajo
1 cucharada de aceite de oliva
1 cucharadita de salsa de soja

Para los champiñones

300 g de champiñones
½ media cebolla
2 dientes de ajos
1 cucharada de tomate concentrado
1 cucharadita de orégano seco
1 cucharadita de azúcar moreno
½ cucharadita de pimentón dulce
Aceite de oliva
Sal

Para el brócoli

4 floretes de brócoli
1 diente de ajo
Aceite de oliva
Sal y pimienta negra

Elaboración

1. Cocinar el arroz en agua con sal.

Para el edamame

2. Machacar el diente de ajo. Calentar un poco de aceite de oliva en una sartén y dorar el ajo. Agregar el edamame y la salsa de soja y saltear a fuego fuerte durante unos minutos.

Para los champiñones

3. Picar los ajos y la cebolla en láminas y dorarlos en una sartén con aceite de oliva durante 5 minutos. Añadir el tomate y el azúcar y mezclar bien. Sazonar con sal, orégano y pimentón. Laminar los champiñones y cocinar a fuego fuerte hasta que suelten el agua.

Para el brócoli

4. Laminar el diente de ajo y freír. Añadir el brócoli partido, salpimentar y cocinar.

Para terminar

5. En cuatro boles ir colocando los ingredientes; rociar con unas gotas de aceite y unas semillas de sésamo.

Crema de guisantes

4

Ingredientes

500 ml de caldo de pollo
400 g de guisantes
80 ml de nata
20 g de mantequilla
2 huevos
2 lonchas de jamón ibérico
1 cebolleta
1 cucharada de nata para decorar
Hojas de menta
Sal y pimienta negra
AOVE

Elaboración

1. Cocer los huevos, pelar y picar. Reservar.
2. Pochar la cebolleta bien picada en la mantequilla. Cuando esté dorada, añadir los guisantes y saltear durante unos minutos a fuego fuerte. Verter el caldo y llevar a ebullición. Cocer a fuego medio durante 10 minutos.
3. Triturar en una batidora hasta que quede una crema suave. Colar si fuera necesario. Volver a poner al fuego e incorporar la nata, sal y pimienta. Cocer lentamente unos minutos.
4. Poner un poco de aceite en una sartén y pasar el jamón picado. Reservar.

Para terminar

5. Servir la crema templada con el jamón y el huevo por encima y unas gotas de aceite de oliva virgen. Añadir una nube de nata y una hoja de menta.

Bami goreng noodles

4

Ingredientes

Para los noodles
250 g de fideos al huevo
Agua
Sal

Para el pollo marinado
400 g de pollo en dados
1 cucharada de zumo de limón
3 cucharadas de salsa de soja
1 diente de ajo
Pimienta

Para la verdura
Caldo de verduras
250 g de judías
100 g de brotes frescos
3 zanahorias
1 cebolleta
Salsa de soja
Aceite de oliva

Elaboración

Para cocinar los noodles

1. Cocer los fideos en agua hirviendo con sal. Escurrir, enjuagar con agua fría y reservar.

Para el pollo marinado

2. Poner en un bol el zumo de limón, la salsa de soja, el diente de ajo prensado, y un poco de pimienta. Añadir el pollo en dados y marinar en la nevera media hora.

Para la verdura

3. Cortar la cebolleta en aros. Pelar las zanahorias y cortarlas con una mandolina en tiras. Lavar las judías y cortar en trozos.
4. En un wok o en una sartén, calentar un poco de aceite y saltear las verduras a fuego fuerte durante 5 minutos. Añadir la salsa de soja, los brotes y el caldo y llevar a ebullición. Cuando se evapore casi todo el caldo, añadir los noodles y el pollo y mezclar.

Para terminar

5. Servir inmediatamente.

Raíces

Borsch

6

Ingredientes

Para el caldo de carne
500 g de huesos de carne
2 l de agua
Sal

Para la Borsch
1 l de caldo de carne
300 g de repollo
250 g de remolachas frescas
125 g de crema agria
50 gramos de puré de tomate
2 zanahorias medianas
2 tallos de apio
3 huevos
3 patatas
3 dientes de ajo
1 cebolla
2 cucharadas de vinagre de vino blanco
2 cucharadas de azúcar moreno
2 hojas de laurel
Perejil
Aceite de oliva
Sal y pimienta negra

Elaboración

Para el caldo de carne

1. Poner los huesos a cocer en agua con sal. Ir desgrasando.
2. Reservar.

Para la Borsch

3. Cocer los huevos en agua, pelar, picar y reservar.
4. Pelar y picar la cebolla y los dientes de ajos y rehogar en una olla con aceite de oliva. Picar el apio y añadir. Pelar y partir las zanahorias, las patatas y las remolachas en dados y añadir a la sartén. Picar el repollo y añadir. Salpimentar. Saltear durante 5 minutos sin dejar de remover.
5. Añadir el puré de tomate, el vinagre y el azúcar a la olla y remover. Finalmente verter el caldo de carne y el laurel. Cocinar durante 20 minutos a fuego medio.
6. Quitar las hojas de laurel. Si se quiere una crema fina triturar. Si no, servir directamente en boles.

Para terminar

7. Decorar con la nata agria y el perejil por encima.

Raíces asadas

4

Ingredientes

- 4 zanahorias pequeñas
- 2 remolachas
- 2 chirivías
- 1 cabeza de ajos
- 2 cucharaditas de comino
- 2 cucharaditas de cúrcuma
- 1 cucharadita de azúcar moreno
- Zumo de ½ limón
- Vinagre balsámico de Módena
- Ramas de romero
- Ramas de tomillo
- AOVE
- Sal y pimienta

Elaboración

1. Precalentar el horno a 180 °C. Forrar una bandeja con papel vegetal.
2. Pelar las raíces. Cortar las remolachas en láminas de 1 cm de grosor y las zanahorias y chirivías en bastones gordos. Partir los ajos en 4 trozos.
3. En una cazuela mezclar cuatro cucharadas de AOVE, las especias y añadir las raíces. Salpimentar y mezclar bien para que se empapen con el aderezo.
4. Verter en la bandeja de horno, añadir los ajos y una rama de romero y otra de tomillo. Cocinar en el horno durante 40 minutos o hasta que se doren. Entonces subir el horno a 220 °C y tostar durante 10 minutos más.

Para terminar

5. Mezclar el zumo de limón, el vinagre y el azúcar. Añadir por encima de las raíces cuando estén aún calientes.

Crema de chirivía

4

Ingredientes

- 4 chirivías
- 2 puerros
- 2 manzanas dulces
- 2 patatas
- 1 cebolla
- 1 granada
- Nuez moscada
- Aceite de nuez
- AOVE
- Sal

Elaboración

1. Pelar y picar las chirivías, las manzanas y las patatas.
2. Lavar los puerros y cortar en rodajas finas la parte blanca. Poner una olla al fuego con aceite de oliva y rehogar. Picar la cebolla y añadir.
3. Añadir las verduras troceadas, añadir sal y nuez moscada y remover unos minutos. Añadir agua y cocer hasta que estén blandas.
4. Triturar en una batidora hasta conseguir una consistencia de crema.

Para terminar

5. Servir frío o templado con unos granos de granada y unas gotas de aceite de nuez por encima.

Tarta de zanahoria

6

Ingredientes

Para el bizcocho
500 g de zanahorias ralladas
240 g de harina
200 ml de aceite de oliva
130 g de azúcar
4 huevos grandes
2 cucharaditas de canela molida
2 cucharaditas de levadura
1 cucharadita de extracto de vainilla
1 cucharadita de bicarbonato
1 cucharadita de sal

Para el glaseado
250 g de queso crema
250 g de azúcar glas
75 g de mantequilla sin sal blanda
1 cucharadita de extracto de vainilla

Elaboración

Para el bizcocho

1. Precalentar el horno a 180 °C.
2. Disolver en un bol el azúcar en el aceite.
3. Mezclar en otro bol los elementos secos.
4. Batir los huevos con la vainilla en otro.
5. Ir incorporando los ingredientes secos en el aceite y batir a velocidad media alternando con el huevo hasta terminar todos los ingredientes.
6. Añadir las zanahorias y remover con una espátula con movimientos envolventes.
7. Verter la mezcla en el molde para tarta y hornear durante 1 hora.
8. Colocar el bizcocho en una rejilla y dejar enfriar.

Para el glaseado

9. Batir el queso y la mantequilla a velocidad media. Añadir poco a poco el azúcar glas y la vainilla. Seguir batiendo más fuerte hasta que quede brillante.
10. Extender el glaseado por encima y por los lados del pastel hasta cubrirlo por completo.

Sopa de raíces y pintas

6

Ingredientes

- 1,5 l de caldo de pollo
- 400 g de judías pintas
- 3 zanahorias
- 3 chirivías
- 1 cebolla grande
- ½ calabaza
- 2 tomates medianos
- 1 cabeza de ajo
- 1 puñado de espinacas baby
- 2 cucharadas de salsa de soja
- Perejil
- Aceite de oliva

Elaboración

1. Poner las judías en agua el día anterior.
2. Pelar y trocear las zanahorias, las chirivías, los tomates y la calabaza.
3. En una olla grande, calentar aceite de oliva y saltear las raíces durante unos minutos.
4. Añadir las judías, la cabeza de ajo y la cebolla enteras.
5. Agregar el caldo de pollo, la soja y el tomillo fresco. Llevar a ebullición unos 15 minutos o cuando las judías estén tiernas. Añadir las espinacas y remover.

Para terminar

6. Servir con perejil picado por encima.

Zumo de remolacha y jengibre

2

Ingredientes

1 remolacha
1 zanahoria
100 ml de zumo de naranja
1 trocito de jengibre fresco

Elaboración

1. Pelar la remolacha y la zanahoria. Picarlas y poner en un vaso de batidora junto con el jengibre rallado y el zumo de naranja.
2. Batir hasta hacer zumo y tomar inmediatamente.

Ensalada de rábanos con brocheta de pollo satay

4

Ingredientes

Para el pollo

600 g de pechugas de pollo
200 ml de leche de coco
2 cucharadas de salsa de soja
2 cucharadas de zumo de limón
1 cucharada de azúcar moreno
1 trocito de jengibre
1 diente de ajo
1 cucharadita de cilantro picado
1 cucharadita de cúrcuma
Cilantro (para servir)

Para la salsa satay

3 cucharadas de mantequilla de cacahuete
3 cucharadas de leche de coco
1 cucharada de azúcar moreno
1 cucharada de zumo de lima
1 cucharada de salsa de soja

Para la ensalada de rábanos

4 rábanos
1 cucharada de miel
Vinagre de Jerez
AOVE
Sal y pimienta

Elaboración

Para el pollo

1. Cortar el pollo en dados.
2. Mezclar en un bol la leche de coco, la salsa de soja, el azúcar, la cúrcuma, el jengibre rallado, el zumo de limón, el cilantro y el ajo picado. Añadir el pollo, tapar con papel film y dejar 3 horas en la nevera para que se macere.
3. Sacar de la nevera y montar las brochetas de pollo.
4. Freír en una plancha con un poco de aceite de oliva.

Para la salsa satay

5. Mientras mezclar todos los ingredientes para la salsa. Añadir un poco de agua si fuera necesario.

Para la ensalada de rábanos

6. Lavar los rábanos, secar y cortar con una mandolina.
7. Mezclar el AOVE con el vinagre de de Jerez y la miel. Emulsionar y verter por encima de los rábanos. Salpimentar al gusto.

Flores

y cogollos

Pak choi con lubina y arroz de coco

2

Ingredientes

- 2 filete limpios de una lubina pequeña
- 400 ml de leche de coco
- 200 g de arroz
- 40 g de mantequilla
- Zumo de ½ naranja
- Zumo de ½ limón
- 1 pak choi
- 1 cucharada de salsa de soja
- Ralladura de 1 naranja
- Ralladura de 1 limón
- Aceite de oliva
- Sal y pimienta

Elaboración

1. Cocer el arroz en un cazo con la leche de coco. Reservar.
2. Mezclar en un cazo los zumos de los cítricos con la salsa de soja y con la mantequilla y reducir unos minutos a fuego lento. Reservar.
3. Cortar el pak choi a la mitad y escaldar en una olla con agua durante un par de minutos y luego cortar la cocción en agua con hielo para que quede crujiente. Escurrir.
4. Salpimentar la lubina. Calentar una sartén con aceite de oliva y freír por la parte de la piel sujetándola para que no se abombe hasta que quede dorada. Dar la vuelta y freír unos minutos más.

Para terminar

5. Colocar el pak choi en el plato junto con los lomos de lubina y aliñarlo con unas gotas del aderezo de cítricos. Acompañar con un bol de arroz con las ralladuras de cítricos por encima.

Tagliatelle con brócoli

4

Ingredientes

- 400 g de tagliatelle
- 300 g de arbolitos de brócoli
- 50 g de nueces peladas
- ½ diente de ajo
- 1 cucharada de zumo de lima
- 20 g de queso parmesano rallado
- Hojas de albahaca fresca
- AOVE
- Sal

Elaboración

1. Machacar en un mortero las hojas de albahaca con el ajo, las nueces y un poco de sal hasta obtener una pasta tipo pesto. Añadir el queso parmesano rallado, el zumo de lima y 3 cucharadas de aceite y mezclar.
2. En una sartén, saltear el brócoli con un poco de aceite.
3. Poner a hervir agua en una olla y cocer los tagliatelle según indique el fabricante. Escurrir el agua y añadir el brócoli y el pesto. Añadir un choro de AOVE.

Para terminar

4. Servir en un plato y un rallar un poco de queso por encima. Adornar con un poco de albahaca.

Ensalada de lombarda y endivia roja

4

Ingredientes

Para la ensalada

2 remolachas
200 g de lombarda
50 g de pipas de calabaza
2 endivias rojas
1 cebolla roja
1 granada
1 cucharada de alcaparras

Para la salsa

120 ml de nata fresca
Zumo de 1 lima
Ralladura de naranja
Cilantro fresco
Sal y pimienta
AOVE

Elaboración

Para la ensalada

1. Cocer las remolachas en una olla. Dejar enfriar, pelar y cortar en láminas.
2. Picar la lombarda en láminas finas.
3. Separar las hojas de las endivias del tronco, lavar y secar.
4. Cortar la cebolla en láminas muy finas.
5. Abrir la granada por la mitad y sacar todos los granos. Reservar en un bol.
6. Preparar 4 platos para ensalada y mezclar en cada uno remolacha, lombarda, cebolla, hojas de endivias, pipas de calabaza, alcaparras y granada.

Para la salsa

7. Picar el cilantro y mezclar en un bol con AOVE, el zumo de lima, sal y pimienta; emulsionar y añadir a los platos.

Para terminar

8. Decorar con un chorrito de nata fresca y ralladura de naranja por encima.

Tabulé de coliflor y garbanzos al horno con tahini

4

Ingredientes

- 1 kg de coliflor
- 400 g de garbanzos
- 1 diente de ajo
- 2 cucharadas de tahini
- 1 cucharada de yogur natural
- 1 cucharadita de ajo en polvo
- Zumo de ½ limón
- AOVE
- Sal y pimienta

Elaboración

1. Dejar los garbanzos en remojo la noche anterior.
2. Poner a cocer los garbanzos en una olla con agua y sal. Cuando esté blandos, escurrir y reservar.
3. Quitar el corazón de la coliflor y cortarla en trocitos.
4. Poner a cocer agua en una olla con dos cucharadas de sal y preparar un bol con hielo.
5. Sumergirla en el agua hirviendo durante 30 segundos. Poner inmediatamente en el hielo para cortar la cocción. Escurrir y reservar.
6. Calentar el horno a 220 °C y poner los garbanzos en una bandeja con un chorro de aceite de oliva virgen, la pimienta y ajo en polvo por encima. Hornear hasta que se doren. Añadir la coliflor y dejar unos minutos hasta que se dore también.
7. Picar el diente de ajo muy fino y machacar en un mortero. Añadir el zumo de limón, el tahini y el yogur natural y mezclar bien. Incorporar agua poco a poco hasta obtener la consistencia deseada.

Para terminar

8. Servir los garbanzos y la coliflor con un poco de salsa de tahini por encima.

Rollitos de repollo rellenos de tofu

4

Ingredientes

8 hojas de repollo
300 g de tofu
200 g de arroz integral
50 g de uvas sultanas sin pipas
2 dientes de ajo
1 cebolla
Media cucharadita de jengibre en polvo
Media cucharadita de canela en polvo
Salsa de soja
Semillas de sésamo tostado
Aceite de oliva
Sal

Elaboración

1. Cocer el arroz en agua y reservar.
2. Lavar las hojas de repollo y cocerlas en agua hirviendo con sal durante 5 minutos. Escurrir y reservar.
3. Picar la cebolla y rehogar en una sartén con aceite. Picar los ajos y sofreír con la cebolla. Añadir el arroz, el tofu picado, las uvas, la canela y el jengibre y remover durante unos minutos más.
4. Rellenar cada hoja con la mezcla y enrollarlas en rollitos.

Para terminar

5. Servirlos con salsa de soja y las semillas de sésamo por encima.

Alcachofas con guisantes y foie

4

Ingredientes

2 kg de alcachofas
200 g de guisantes
150 ml de vino oloroso
100 ml de zumo de limón
50 g de bloc de foie de pato mi-cuit
1 cucharada de harina de maíz
4 dientes de ajo
Medio limón
Tomillo fresco
Hojas de menta y albahaca
Aceite de oliva
Sal negra de Hawái
Sal y pimienta

Elaboración

1. Limpiar las alcachofas cortando el tallo y las hojas de fuera hasta extraer los corazones. Bañarlos en un recipiente con agua fría y con la mitad del zumo de limón para evitar que se oxiden. Escurrirlos y cortar los corazones.
2. Poner una cazuela al fuego con aceite de oliva, cortar los ajos muy finos y freírlos hasta que se doren. Añadir las alcachofas, el vino, el limón cortado muy fino, el tomillo y salpimentar. Añadir la harina, mezclar bien y cocer a fuego medio durante 20 minutos o hasta que las alcachofas estén blandas.
3. Escaldar los guisantes en agua hirviendo con sal durante 40 segundos y cortar rápidamente la cocción con agua fría. Escurrirlos.

Para terminar

4. Servir los guisantes y poner encima las alcachofas. Esparcir por encima unas hojas de albahaca y menta picadas, unas lascas de mi-cuit y la sal negra.

Tempura de flores

4

Ingredientes

Para las flores
4 arbolitos de brócoli
4 arbolitos de coliflor
2 alcachofas
Medio limón

Para la masa de tempura
200 g de harina
100 ml de agua con gas
Aceite de girasol

Para la salsa
200 g de queso en crema
80 g de nueces peladas
2 cucharadas de salsa de soja
1 cucharada de agua
1 cucharada de mostaza picante (opcional)
1 cucharadita de azúcar

Otros ingredientes
Pepinillos agridulces
Rábanos encurtidos
Nueces peladas

Elaboración

Para la salsa

1. Mezclar la soja, el agua y el azúcar en un cazo y llevar a ebullición. Apagar y dejar que se temple. Batir el queso con las nueces, la mostaza y la salsa hasta conseguir una crema. Reservar.

Para las flores

2. Lavar el brócoli y la coliflor y secar bien. Cortar en láminas. Quitar el tallo y las hojas más duras de las alcachofas, y cortarlas en láminas. Frotar con un limón para que no se oxiden.

Para la tempura

3. Mezclar los ingredientes para la masa.
4. Poner al fuego una sartén con aceite. Pasar las verduras por la masa y dejar que escurra la sobrante. Cuando el aceite esté caliente, freírlas hasta que se doren y sacarlas a un plato con papel de cocina para que empape el aceite sobrante.

Para terminar

5. Servir con la crema y unos encurtidos troceados y nueces de acompañamiento.

Ensalada de repollo estilo japonés

4

Ingredientes

Para la ensalada
250 g de repollo
2 zanahorias
2 manzanas Granny Smith
1 cebolla roja
Zumo de 1 limón

Para la salsa
2 cucharadas de vinagre de arroz
2 cucharadas de aceite de sésamo
2 cucharadas de semillas de sésamo
2 cucharadas de aceite de oliva virgen extra
1 diente de ajo
1 cucharada de salsa de soja
1 tozo pequeño de jengibre
1 pizca de cayena
Sal y pimienta

Elaboración

Para la ensalada

1. Lavar el repollo, secar y cortar en juliana con un cuchillo.
2. Pelar las zanahorias y las manzanas y rallarlas. Pelar la cebolla y cortarla en juliana.
3. Mezclar todos los vegetales y poner unas gotas de limón.

Para la salsa

4. Preparar la vinagreta en un bol poniendo el ajo sin el germen con el jengibre machacados. Añadir el resto de los ingredientes y emulsionar.

Para terminar

5. Colocar la ensalada en boles y rociar con la salsa por encima.

Quiche de kale con beicon y almendras

6

Ingredientes

- **½ kg de kale**
- **200 g de beicon ahumado**
- **200 g de nata**
- **200 g de queso emmental rallado**
- **50 g de almendras laminadas crudas**
- **1 plancha de hojaldre**
- **1 chalota**
- **3 huevos**
- **Ajo en polvo**
- **Aceite de oliva**
- **Sal y pimienta**

Elaboración

1. Pelar la chalota y picarla. Calentar una sartén con un chorrito de aceite y dorarla. Añadir el beicon cortado en trocitos y las almendras y rehogar durante unos minutos hasta que empiecen a dorarse y queden crujientes. Reservar en un plato aparte.
2. Lavar el kale y secar. Cortar en tiras. En el mismo aceite del beicon, saltear el kale con ajo durante 2 o 3 minutos a fuego fuerte.
3. Agregar el beicon, las almendras y la chalota y calentar durante un minuto más. Apagar el fuego y reservar.
4. Precalentar el horno a 200 °C.
5. Enharinar una superficie y estirar la masa de hojaldre con un rodillo. Colocarla en el molde para hacer la quiche dejando que sobre un poco por los lados. Pinchar varias veces la base con un tenedor y horneamos durante 10 minutos.
6. Batir los huevos en un bol, añadir la nata y el emmental y salpimentar.
7. Incorporar el kale, el beicon y las almendras y mezclar. Verter sobre el molde y meter de nuevo en el horno hasta que se dore.

Hojas

Endivias con vieiras y salsa de ostras

4

Ingredientes

- 4 endivias
- 4 vieiras
- 2 dientes de ajo
- 2 cucharadas de salsa de ostras
- 2 cucharadas de mantequilla
- 2 cucharadas de salsa de soja
- 1 cucharadita de jengibre
- 1 cucharadita de vino de arroz
- 1 cucharadita de azúcar moreno
- Semillas de sésamo tostadas
- AOVE

Elaboración

1. Lavar las endivias, secar bien y cortar longitudinalmente. Reservar.
2. Lavar bien las vieiras quitando las conchas y secar. Reservar.
3. Pelar los dientes de ajo y picarlos.
4. Poner una sartén en el fuego y añadir la mantequilla hasta que se derrita. Añadir el ajo y el jengibre y dorar. Después dorar las endivias por ambos lados y reservarlas. Dorar después las vieiras en la misma sartén y reservar.
5. Mezclar el resto de los ingredientes en un cuenco y añadir a la misma sartén de las endivias. Reducir durante un par de minutos a fuego fuerte.

Para terminar

6. Servir las endivias y las vieiras en una fuente y verter la salsa caliente por encima.

Pizza de rúcula y brevas

4

Ingredientes

Para la masa
500 g de harina de fuerza
350 ml de agua
50 g de aceite de oliva
1 sobre de levadura
1 pizca de sal

Para la pizza
4 brevas
2 cucharadas de salsa de tomate natural
2 cucharaditas de sirope de granada
1 cebolleta
1 cucharadita de mostaza de Dijon
1 bola de burrata de búfala
1 puñado de rúcula
Pimienta negra
AOVE

Elaboración

Para la masa

1. Mezclar la harina con el aceite, la sal y la mitad del agua. Amasar.
2. Deshacer la levadura en el resto del agua e incorporar a la masa. Seguir amasando hasta conseguir una masa que no se pegue en las manos. Poner la masa en un bol y pintar con un poco de aceite, tapar con papel transparente y dejar reposar en un sitio templado durante una hora o hasta que doble su tamaño.
3. Precalentar el horno a 250 °C.
4. Estirar la masa con un rodillo hasta obtener una base fina y la colocamos sobre papel vegetal encima de una bandeja de horno.

Para la pizza

5. Cortar la cebolleta en juliana, poner una capa de tomate sobre la base y colocar la cebolleta encima. Hornear durante 8 minutos.
6. En un bol mezclar 2 cucharadas de AOVE, la mostaza y el sirope de granada y salpimentar. Emulsionar bien el aderezo. Cortar lo brevas en cuatro trozos y añadirlas.

Para terminar

7. Sacar la pizza del horno y poner la rúcula y la burrata en trozos sobre ella. Añadir por encima el aderezo con las brevas y servir.

Grelos con almejas

4

Ingredientes

- 600 g de almejas
- 500 g de grelos
- 2 dientes de ajo
- 1 cebolla
- 1 vaso de vino Palo Cortado
- 1 cucharada de harina de maíz
- ½ litro de fumet de pescado
- Vinagre de vino
- Aceite de oliva
- Sal

Elaboración

1. Lavar bien los grelos. Poner agua a cocer con un chorro de vinagre y escaldarlos durante un par de minutos. Escurrirlos y dar otro hervor con agua con un poco de sal. Sacar, enfriar rápidamente en un bol con agua helada y escurrir. Reservar.
2. Poner las almejas en una olla al fuego para que se abran al vapor. Reservar con su jugo.
3. Picar la cebolla y freírla en una sartén con aceite. Cuando esté blanca añadir los ajos picados y dorar. Añadir la harina y rehogar. Añadir el vino y dejar que reduzca.
4. Añadir los grelos a la sartén y las almejas con el jugo. Subir el fuego y cocinar durante 3 minutos.

Para terminar

5. Servir caliente.

Albóndigas de espinacas y carne

4

Ingredientes

750 g de carne picada (ternera, cerdo o mixta)
400 g de hojas de espinacas.
100 g de queso cheddar
150 g de miga de pan
1 huevo
1 vaso de leche
½ cucharadita de nuez moscada
2 dientes de ajo
Perejil
Sal y pimienta

Para la salsa

1,5 ml de caldo de verduras
1 zanahoria
1 cebolla
1 cucharadita de cúrcuma

Elaboración

1. Poner la miga a remojar en la leche. Picar el ajo muy finamente quitando el germen.
2. Preparar la carne mezclándola con la miga de pan, el ajo, la nuez moscada y salpimentar. Añadir el huevo y mezclar bien.
3. Escaldar las espinacas en agua hirviendo. Escurrir bien y picarlas muy finamente. Quitar el agua sobrante y mezclar con la carne.
4. Trocear el queso cheddar en cubitos. Hacer las bolas de las albóndigas e introducir un trozo de queso en el interior de cada una. Dorarlas en una sartén con un poco de aceite de oliva. Absorber el aceite sobrante con papel de cocina.

Para la salsa

5. Preparar la salsa picando la cebolla muy finamente para freír después en una olla. Pelar la zanahoria y picarla, añadir a la sartén y salpimentar. Cuando estén blandas, añadir el caldo y la cúrcuma. Dejar reducir. Pasar por una batidora para que quede una salsa sin grumos y volver a verter en la olla.
6. Añadir las albóndigas para que terminen de hacerse a fuego lento.

Para terminar

7. Servir con el perejil picado por encima

Cogollos de Tudela templados

4

Ingredientes

4 cogollos de Tudela
2 dientes de ajo
1 cucharada de vinagre de Jerez
1 cucharadita de pimentón dulce de la Vera
AOVE
Sal y pimienta

Para la salsa
1 lata de anchoas en aceite
100 g de queso en crema

Elaboración

1. Partir longitudinalmente los cogollos de Tudela, lavar bien y secar. Colocarlos sobre una fuente.
2. Cortar los ajos en láminas. Calentar un chorro de aceite de oliva en una sartén y dorar los ajos.
3. Retirar del fuego y añadir el pimentón y el vinagre y mezclar bien con una cuchara.
4. Verter los ajos con el pimentón por encima de los cogollos y salpimentar al gusto.

Para la salsa

5. Mezclar las anchoas con el aceite y el queso en un vaso de batidora. Triturar hasta obtener una crema suave. Reservar.

Para terminar

6. Servir acompañados de la salsa de anchoas.

Batido de lechuga y cítricos

2

Ingredientes

1 lechuga romana pequeña
4 naranjas
1 lima
1 cucharada de miel
1 l de agua
Hielo

Elaboración

1. Cortar la lechuga y poner en remojo durante minutos para limpiarla bien.
2. Exprimir las naranjas y la lima.
3. Disolver la miel en el agua.
4. Poner en la batidora la lechuga, el zumo de cítricos, el agua y el hielo y batir hasta conseguir un batido cremoso.

Tubérculos

Chips de tubérculos

Aperitivo

4

Ingredientes

2 boniatos
2 patatas moradas
2 nabos
1 chirivía
Aceite de girasol
Sal y pimienta

Elaboración

1. Pelar, lavar con agua fría y secar los tubérculos.
2. Cortarlos con una mandolina en rodajas iguales y muy finas.
3. Poner abundante aceite de girasol en un cazo y calentar hasta 170 °C. Freír los tubérculos poco a poco sumergiéndolos con una espumadera para que se hagan por los dos lados a la vez. Cuando se doren, poner en papel de cocina para absorber el exceso de aceite.

Para terminar

4. Cuando estén todas las rodajas fritas, colocar en una bandeja y salpimentar al gusto.

Batatas y queso fresco al horno

2

Ingredientes

Para las batatas
2 batatas
200 g de queso fresco de cabra
4 fresas
Tomates cherry
Hojas de rúcula

Para el aderezo
50 g de aceitunas negras de Aragón
1 cucharadita de zumaque en polvo
1 cucharada de zumo de lima
1 cucharadita de pimienta negra molida
AOVE

Elaboración

Para las batatas

1. Precalentar el horno a 200 °C.
2. Lavar las batatas y cortarlas por la mitad sin pelar. Colocar en una bandeja de horno con papel sulfurizado y hornear durante 20 minutos o hasta que se doren.
3. Cortar el queso fresco y los tomates en trozos. Lavar las fresas y cortarlas en trozos pequeños.

Para el aderezo

4. Mezclar en un bol un chorro de aceite de oliva con el zumaque, el zumo de lima y salpimentar. Incorporar las aceitunas.
5. Sacar la bandeja del horno y poner por encima de las batatas el queso, los tomates y aliñar con el aderezo.

Para terminar

6. Decorar con unos trocitos de fresas y hojas de rúcula.

Huevos con patatas

4

Ingredientes

- 4 huevos
- 2 patatas grandes
- Cebolla
- 100 g de harina
- 100 g de jamón ibérico
- Perejil
- Mantequilla
- Vinagre
- AOVE
- Sal y pimienta

Elaboración

1. Pelar las patatas y cocer en agua con sal durante 30 minutos. Escurrir bien el agua.
2. Poner las patatas en un bol, picar el perejil, triturar la cebolla y añadirlo. Añadir la harina y mezclar bien. Salpimentar.
3. Poner mantequilla en una sartén, hacer tortas con la masa de patata y freír a fuego medio durante 5 minutos por cada lado o cuando estén doradas.
4. Sacar y dejar escurrir el exceso de grasa en papel de cocina.
5. Mientras, poner a hervir en una cacerola agua con un chorro de vinagre. Escalfar los huevos uno a uno dejando la yema blanda y sacar con una espumadera para que escurra bien todo el agua.

Para terminar

6. Colocar las tortas de patata en un plato con los huevos por encima, un chorro de AOVE y unas lonchas de jamón ibérico.

Muffins de batata
y pepitas de chocolate

Unidades

8

Ingredientes

- **600 g de batatas**
- **6 huevos**
- **250 g de harina**
- **100 g de pepitas de chocolate**
- **50 g de azúcar**
- **1 cucharadita de levadura**
- **1 cucharadita de extracto de vainilla**
- **Ralladura de 1 naranja**
- **Sal**

Elaboración

1. Precalentar el horno a 200 °C.
2. Envolver las batatas en papel de aluminio, pinchar por fuera con un tenedor y hornear durante 20 minutos.
3. Cuando las batatas estén blandas, dejar que se enfríen, pelar y triturar su carne.
4. Batir los huevos en un bol, añadir el puré de batata, la esencia de vainilla y el azúcar y remover bien.
5. En otro bol mezclar la harina, la levadura, la ralladura de naranja y una pizca de sal. Incorporar estos ingredientes secos a la mezcla anterior.
6. Repartir la masa en los moldes e incorporar unas pepitas de chocolate en cada uno.
7. Hornear durante 25 minutos o cuando los muffins suban y al pincharlos con un cuchillo este salga limpio.

Crema de tupinambo

4

Ingredientes

- 250 g de tupinambos
- 150 g de chirivías
- 600 ml de leche de almendras
- ½ cebolla
- 50 g de miga de pan
- 50 g de almendras crudas
- 50 g de pipas de calabaza
- 1 diente de ajo
- Ramas de cebollino
- Uvas blancas
- Vinagre balsámico de Módena en crema
- AOVE
- Sal y pimienta

Elaboración

1. Pelar y lavar los tubérculos. Cocerlos en trozos junto con la cebolla en 500 ml de leche de almendras con sal y pimienta.
2. Triturar las almendras con el diente de ajo, la miga de pan y 100 ml de leche de almendras.
3. Cuando los tubérculos estén blandos, incorporarlos a la pasta anterior y triturarlo todo junto con un chorro generoso de AOVE hasta conseguir una crema. Rectificar de sal si fuera necesario.

Para terminar

4. Servir tibia con el cebollino picado, las uvas partidas y las pipas de calabaza por encima, y unos puntos de vinagre balsámico.

Patatas con dos mojos

4

Ingredientes

Para las patatas
750 g de patatas baby
250 g de sal
1 cabeza de ajos
1 hoja de laurel
Sal gorda

Para el mojo verde
100 g de cilantro
100 ml de AOVE
3 dientes de ajo
3 cucharadas de vinagre de Jerez
1 cucharadita de comino
½ cucharadita de sal

Para el mojo picón
50 g de miga de pan mojada en agua
2 cucharadas de vinagre de Jerez
1 cucharadita de comino
1 diente de ajo
1 cucharadita de pimentón
½ cucharadita de sal
Guindilla al gusto
AOVE

Elaboración

Para las patatas

1. Poner a cocer las patatas lavadas en una olla con agua hasta cubrirlas con el laurel, los ajos y la sal. Primero a fuego fuerte y luego más suave durante 25 minutos aproximadamente. Cuando estén blandas, escurrirlas, cubrirlas con sal gorda y taparlas.

Para el mojo verde

2. Machacar en un mortero los dientes de ajo con la sal. Picar el cilantro e incorporar junto con el comino. Seguir machacando para integrar bien todos los ingredientes. Ir echando el aceite poco a poco a medida que la pasta lo va absorbiendo. Añadir el vinagre y un poco de agua si fuera necesario.

Para el mojo picón

3. Machacar el diente de ajo y la sal en un mortero. Picar la guindilla e incorporar junto con el comino y machacar. Añadir la miga y el pimentón, e ir añadiendo aceite poco a poco. Finalmente añadir el vinagre.

Para terminar

4. Servir las patatas en una fuente con los mojos.

Tallos

Acelgas con huevos y carabineros

4

Ingredientes

4 carabineros
4 huevos
1 manojo de acelgas rojas
2 dientes de ajo
1 cucharadita de pimentón dulce de la Vera
Aceite de oliva virgen
Sal en escamas

Elaboración

1. Lavar las acelgas. Cortar la parte más dura de las pencas y reservar para otra receta. Picar el resto de las acelgas en trozos muy pequeños.
2. Pelas los dientes de ajo y picar en trocitos. Poner cuatro cucharadas de aceite de oliva en una sartén grande y rehogar los ajos. Cuando estén dorados, añadir las acelgas y saltear unos minutos para que se ablanden pero dejándolas al dente.
3. Quitar las cabezas a los carabineros y saltearlas en otra sartén con un poco de aceite. Aplastarlas para que suelten los jugos. Sacar las cabezas y dejar el fumet obtenido. Añadir las colas troceadas, el pimentón y remover 30 segundos.
4. Incorporar las acelgas a la sartén y mezclar bien.
5. Mientras hacer los huevos a la plancha con un poquito de aceite para que no se peguen en la sartén. Cuando estén cuajados, añadir una pizca de sal en escamas y espolvorear una pizca de pimentón.

Para terminar

6. A la hora de servir poner en una fuente las acelgas y por encima los huevos. Romper y mezclar con las acelgas y los carabineros.

Cardo con almendras

4

Ingredientes

1 kg de cardo natural
100 g de almendras crudas
100 g de jamón serrano en lonchas
12 uvas blancas sin pipos
1 diente de ajo
1 cucharada de harina
1 vaso de leche de almendras
1 limón
1 cucharada de nuez moscada en polvo
Aceite de oliva virgen
Sal en escamas
Sal

Elaboración

1. Tostar las almendras y el jamón durante 10 minutos en el horno a 180 °C. Dejar enfriar y triturar la mitad de las almendras y todo el jamón. Reservar la otra mitad de las almendras con un poco de sal en escamas por encima y un chorro de aceite de oliva
2. Lavar y secar los cardos. Cortar en trozos e impregnar con el limón. Cocer en una olla con agua durante 20 minutos o hasta que estén tiernos. Escurrir y reservar.
3. Picar el ajo y dorar en una sartén con aceite de oliva. Añadir la harina, la nuez moscada y remover. Añadir el jamón y las almendras trituradas, las uvas partidas y la leche. Cocer a fuego lento has que espese y rectificar de sal.
4. Añadir el cardo a la salsa y cocer un par de minutos.

Para terminar

5. Servir con las almendras por encima.

Espárragos con mayonesa de ajo negro

4

Ingredientes

12 espárragos blancos frescos de Navarra
100 ml de aceite de oliva virgen
50 g de hierbas frescas (perejil, estragón, salvia, etc.)
50 g de pistachos pelados
20 g de azúcar
20 g de sal

Para la mayonesa de ajo negro
150 ml de AOVE
150 ml de aceite de girasol
4 dientes de ajo negro
1 diente de ajo
1 huevo
1 cucharadita de zumo de lima
Sal

Elaboración

Para la mayonesa de ajo negro

1. Poner todos los ingredientes en un vaso de batidora y con el brazo primero en el fondo del vaso y luego con movimientos suaves descendientes y ascendentes, preparar la mayonesa de ajo negro. Reservar en la nevera.

Para los espárragos

2. Lavar y secar los espárragos. Con un pelador quitar la parte superficial, desde la yema a la base del tallo, y cortar la parte más dura del final.
3. Poner 4 l de agua a hervir en una cazuela alta con el aceite, la sal y el azúcar. Cocerlos atados con el agua por debajo de las yemas durante 10 minutos aproximadamente (dependerá del grosor del espárrago). Dar la vuelta a los espárragos y cocer durante otros 5 minutos más.
4. Sacar de la cazuela y escurrir en papel absorbente.

Para terminar

5. Colocar los espárragos tibios en una fuente con las hierbas y los pistachos picados por encima y acompañar con la mayonesa de ajo negro.

Lasaña de espárragos verdes y guisantes

6

Ingredientes

- 700 g de espárragos
- 500 g de hojas de lasaña fresca
- 500 g de guisantes congelados
- 400 g de requesón
- 250 ml de caldo de verduras
- 250 ml de nata
- 4 dientes de ajo
- 1 lata de anchoas en aceite
- 1 manojo de cebolletas
- 1 limón
- 60 g de menta fresca
- Queso parmesano rallado
- Tomillo fresco
- Aceite de oliva
- Sal y pimienta

Elaboración

1. Precalentar el horno a 200 °C.
2. Cortar finamente las cebolletas y pochar en una sartén con aceite de oliva. Machacar los ajos y añadir a la sartén para dorarlos.
3. Cortar y desechar los extremos leñosos de los espárragos, laminar en rodajas finas los tallos y añadir a la sartén. Reservar las puntas para más tarde.
4. Condimentar con sal y pimienta negra los ingredientes de la sartén y remover para que se vayan ablandando.
5. Agregar los guisantes a la sartén, la menta picada y la nata. Rallar la mitad del limón.

6. Verter el caldo y dejar que hierva. Agregar la mitad del requesón hasta obtener una consistencia cremosa
7. Cocer las placas de lasaña unos minutos. En una bandeja de 30 x 35 cm aproximadamente verter una cuarta parte de la mezcla de verduras para cubrir el fondo de la bandeja, luego cubrir con una capa de láminas de lasaña y una capa de parmesano rallado. Repetir las capas con el resto de verduras y pasta, terminando con una capa de láminas de lasaña.
8. Mezclar el requesón restante con 1 cucharada de caldo y extender uniformemente sobre la parte superior de la lasaña.
9. Poner las puntas de espárrago reservadas sobre la lasaña, el tomillo, un chorro de aceite y parmesano rallado.

Para terminar

10. Meter en el horno hasta que esté dorada.

Ensalada de hinojo y naranja

4
o 6 acompañamientos

Ingredientes

2 bulbos de hinojo medianos
2 naranjas
1 naranja sandina
1 cebolla roja
Aceitunas negras de Aragón
Zumo de 1 lima
Vinagre balsámico de Módena
AOVE
Sal

Elaboración

1. Cortar y desechar los tallos superiores de los bulbos de hinojo. Reservar algunas de las hojas plumosas para decorar. Cortar una rodaja fina de la base de los bulbos de hinojo y desechar las capas externas.
2. Lavar y cortar el hinojo en rodajas muy finas.
3. Pelar las naranjas y cortarlas muy finitas.
4. Laminar la cebolla muy finamente.
5. Colocar las láminas de hinojos, naranjas y cebolla en una fuente. Esparcir las aceitunas.
6. Para el aderezo, mezclar en un bol el zumo de lima, aceite de oliva, vinagre y una pizca de sal y emulsionar.

Para terminar

7. Verter el aderezo sobre la ensalada.

Apio con queso azul y anacardos

2

Ingredientes

2 ramas de apio pequeñas muy frescas
2 manzanas Granny Smith
1 puñado de berros
1 limón
Tostaditas de pan crujiente
AOVE
Sal

Para la crema de queso
100 ml de nata
80 g de queso azul
40 g de anacardos crudos
1 cucharada de mostaza de Dijon
Hojas de albahaca fresca
AOVE

Elaboración

1. Triturar en una batidora los ingredientes para la crema de queso hasta conseguir una textura suave. Reservar en la nevera.
2. Pelar las manzanas y cortar en cuadraditos y colocar la mitad en dos platos. Rallar la piel del limón y reservar. Partirlo a la mitad y poner unas gotitas sobre las manzanas.
3. Lavar y secar el apio. Cortarlo en trocitos y poner en los platos. Repartir los berros bien lavados en los platos.

Para terminar

4. Poner en cada plato un chorro de AOVE, la ralladura de limón y una pizca de sal. Verter una cucharada de salsa de queso por encima y romper una tostadita en trocitos por encima. Acompañar con el resto de salsa y tostaditas aparte.

Legumbres

Dhal de garbanzos

2

Ingredientes

- 250 g de garbanzos
- 200 g de espinacas baby
- 150 g de arroz basmati
- 100 ml de crema de coco
- 2 dientes de ajo
- 1 hoja de laurel
- 1 cucharada de pasta de tomate
- 1 cucharada de zumo de limón
- 1 cucharadita de jengibre rallado
- 1 cucharadita de cúrcuma en polvo
- 1 cucharadita de comino en polvo
- 1 cucharadita de garam masala
- 1 pizca de cayena (opcional)
- ½ cebolleta
- ½ cucharadita de mostaza negra en grano
- ½ cucharadita de comino en grano
- Hojas de cilantro
- Aceite de oliva
- Sal

Elaboración

1. Poner los garbanzos a remojo durante al menos 12 horas.
2. Escurrir y poner los garbanzos en una olla con agua fría, sal y laurel, y cocerlos. Cuando estén blandos, escurrir reservando el líquido y quitar el laurel.
3. Calentar el horno a 220 °C y poner en una bandeja ⅓ de los garbanzos. Rociarlos de aceite de oliva, sazonar y asar durante 15 minutos. Reservarlos.
4. Cocer el arroz basmati en agua con sal y reservar.
5. Cortar la cebolleta en cubos y freír en una olla con un chorro de aceite de oliva durante 5 minutos. Añadir los dientes de ajo picados, la cayena picada, el jengibre y los granos de mostaza y de comino y remover durante 1 minuto. Añadir la pasta de tomate y seguir removiendo durante un par minutos más.

6. Añadir 200 ml del agua de cocción de los garbanzos, la cúrcuma, el comino en polvo y el garam masala y hervir a fuego medio.
7. Agregar los garbanzos reservados y la crema de coco. Remover y aplastar a la vez para que aquellos se deshagan un poco.
8. En una sartén, dorar las espinacas con una cucharadita de aceite de oliva y añadir el zumo de limón.
9. Incorporar las espinacas a la olla de los garbanzos y cocinar a fuego lento durante 3 minutos más agregando un chorrito del líquido de garbanzos si se quedara seco.

Para terminar

10. Servir el dhal en un bol acompañado por el arroz, añadir por encima los garbanzos asados y espolvorear con un poco de cilantro.

Ensalada de lentejas y Stilton

4

Ingredientes

- 300 g de lentejas pardinas
- 100 g de queso Stilton
- 50 g de tomates cherry en rama
- 40 g de pepinillos
- 4 rábanos
- 1 cebolla roja
- 1 diente de ajo
- Cebollino
- 60 ml de vinagre de Jerez
- AOVE
- Sal y pimienta

Elaboración

1. Dorar el diente de ajo en una olla con aceite de oliva.
2. Desechar el ajo. Lavar bien las lentejas, añadir a la olla y cocer con agua durante 20 minutos. Escurrir y dejar enfriar.
3. Laminar muy finamente la cebolla y los rábanos. Picar los pepinillos y el cebollino y lavar y trocear los tomates.
4. Hacer la vinagreta mezclando 100 ml de AOVE, 60 ml de vinagre, sal y pimienta. Emulsionar con un tenedor durante unos minutos.

Para terminar

5. Mezclar las lentejas con el resto de los ingredientes y rociar con el aderezo por encima.

Quesadillas de adzukis

4

Ingredientes

- 125 g de alubias adzuki
- 100 g de yogur natural
- 8 tortillas de maíz
- 4 jalapeños
- 150 g de queso cheddar
- 2 aguacates
- 2 tomates
- 1 diente de ajo
- 1 cebolla roja
- 1 chile rojo (opcional)
- Zumo de 1 lima
- ½ cucharadita de comino
- Cilantro fresco
- Aceite de oliva
- Vinagre de manzana
- Vinagre balsámico de Módena
- Sal y pimienta

Elaboración

1. Poner las alubias en remojo un mínimo de 8 horas.
2. Quitar el agua y lavar bien. Cocer en una olla rápida con medio litro de agua y sal durante 15 minutos o cuando estén blandas. Escurrir.
3. Pasar las alubias a un vaso de batidora junto con el comino y el zumo de media lima y una pizca de sal y batir hasta conseguir una pasta.
4. Cortar los aguacates por la mitad, quitarles el hueso, pelarlos y trocearlos. Añadir unas gotas de zumo de lima. Pelar y trocear los tomates en cubos. Picar la cebolla, el cilantro, el diente de ajo y el chile. Mezclarlo todo en un bol con un chorrito de vinagre de manzana.
5. Picar los jalapeños.
6. Coger una tortilla y poner pasta de alubias formando un círculo sin que llegue al borde. Poner en el centro una cucharada de los vegetales, una cucharadita de jalapeños y un puñado de queso. Doblar la tortilla por la mitad. Realizar los mismos pasos hasta terminar las tortillas.
7. Calentar una sartén. Poner un chorrito de aceite y cuando esté caliente hacer las tortillas asándolas 3 minutos por cada lado.

Para terminar

8. Para acompañar, mezclar el yogur con un chorrito de vinagre balsámico de Módena, pimienta y sal.

Pochas guisadas con bacalao

4

Ingredientes

- 400 g de pochas
- 150 g de lomo de bacalao fresco
- 2 cebollas
- 2 tomates
- 2 patatas medianas
- 2 dientes de ajo
- 1 pimiento verde
- 1 zanahoria
- 1 vaso de vino blanco
- Perifollo
- Aceite de oliva
- Sal

Elaboración

1. Pelar los tomates y trocear. Pelar las patatas y la zanahoria, lavarlas y trocearlas. Lavar el pimiento, quitar el tallo y las pepitas y picar. Triturar las cebollas en una picadora.
2. Poner un buen chorro de aceite en una olla y freír un diente de ajo. Añadir las cebollas y pochar. Añadir el resto de las verduras picadas y remover. Incorporar el vino blanco y dejar que se evapore el alcohol.
3. Añadir las pochas y agua para que cuezan a fuego lento.
4. Poner una sartén con dos dedos de aceite de oliva al fuego y el otro diente de ajo. Confitar el bacalao a fuego lento durante 5 minutos. Retirar del fuego y partirlo en lascas

Para terminar

5. Poner las pochas en un plato con unas lascas por encima y un poco de perifollo.

Índice

alfabético de recetas